# DISCOURS

prononcés le 27 novembre 1867

## AUX OBSÈQUES

DE

# M. CHARLES DRION

Président honoraire du Tribunal de Schlestadt
Membre du Directoire de l'Église de la Confession d'Augsbourg

### DÉCÉDÉ LE 25 NOVEMBRE 1867



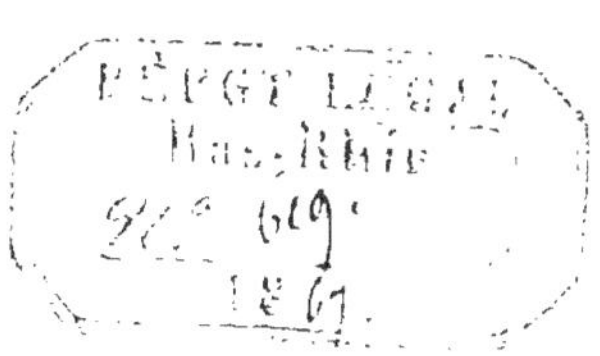


## STRASBOURG

TYPOGRAPHIE DE G. SILBERMANN, PLACE SAINT-THOMAS, 3

1867

1868

# DISCOURS

DE

## M. LE PASTEUR KOPP.

---

### DANS LA MAISON MORTUAIRE.

---

MESSIEURS ET CHERS FRÈRES,

Nous nous sommes réunis ici pour rendre les derniers devoirs à notre cher et vénéré M. Drion, qui, par les fonctions qu'il a occupées, par les services qu'il a rendus, par l'élévation de son esprit et par les éminentes qualités de son cœur, s'était attiré les respects de tous et l'affectueuse vénération de ceux d'entre nous qui ont eu le privilége de le connaître plus particulièrement. Sa mort est une perte douloureuse pour sa famille, pour ses amis et pour toute notre Église. Avant que sa dépouille mortelle quitte cette demeure, où M. Drion a passé la dernière année, les derniers instants de sa vie, élevons nos âmes à Dieu et implorons ses divines consolations.

Seigneur Dieu, Père céleste!

Assiste de ton puissant secours une famille et des amis attristés. Il t'a plu de retirer du milieu de nous un frère, un ami que nous regrettons. Nous nous humilions avec foi devant ta volonté toujours sainte, toujours adorable et toujours parfaite. Mais aussi, c'est à toi, ô Père, que nous élevons nos âmes attristées ; car c'est de toi seul que nous attendons la vie et la lumière quand la mort et les ténèbres nous entourent. Tu as envoyé ton Fils pour qu'il ravisse à la mort ses terreurs et son aiguillon, et qu'il mette en évidence la vie et l'immortalité. O Seigneur ! bénis-nous par Jésus-Christ dans cette heure de tristesse ; donne à ceux qui pleurent les consolations de ton miséricordieux amour, et accompagne notre deuil de ton esprit de grâce et de puissance.

Exauce-nous, Dieu, notre Père, au nom de Jésus-Christ. Amen !

# AU TEMPLE-NEUF.

---

> « Que la volonté du Seigneur soit faite! »
> (Actes XXI, 13.)

MES FRÈRES,

Une noble figure vient de disparaître du milieu de nous ; une vie précieuse et bien caractérisée s'est éteinte ; un cœur affectueux a cessé de battre.

Nous regrettons la mort de M. Charles Drion, président honoraire du Tribunal de Schlestadt et membre du Directoire de notre Église de la Confession d'Augsbourg.

En quittant ce monde, M. Drion y laisse le souvenir d'une existence bien remplie, d'éminentes qualités noblement exercées, de services réels rendus dans les branches multiples de son activité, en même temps que son délogement laisse un vide très-douloureux dans le cercle de sa famille et de ses amis.

Nous n'oublierons pas ce vieillard aux cheveux blancs, à la figure expressive, aux traits profondément creusés par de grandes douleurs ; nous nous rappellerons toujours son esprit si puissant allié à une sensibilité d'enfant, sa vigueur de caractère unie à tant d'urbanité, et puis, sa passion de la justice, son amour du travail, sa bonne et fidèle amitié, sa soumission dans l'épreuve, sa confiance en Dieu et son attachement profond à notre Église et à ses institutions. Il a travaillé et lutté, il a aimé et souffert. Il a creusé un sillon profond, et son travail, dont nous bénéficions tous en quelque mesure, n'a pas été vain devant le Seigneur. Aujourd'hui qu'il nous a quittés, nous sommes unanimes à le regretter ; mais nous nous humilions sous les décrets de Dieu, et nous disons, avec notre texte : Que la volonté du Seigneur soit faite !

M. Charles Drion naquit à Barr, le 8 décembre 1796. Il fit ses études à Strasbourg et a appartenu à cette jeunesse de 1815, à cette élite de cœurs vaillants, de nobles caractères et d'esprits cultivés qui, se vouant, dans notre ville, aux diverses carrières de la théologie, du droit, des sciences et de la médecine, se réunissait pour écouter les savantes leçons de notre Académie protestante. Liée d'amitié, elle formait un faisceau d'amis, qui, depuis, ont bien servi le pays, mais dont il ne reste plus, hélas! qu'un petit nombre, qui s'attristent de rester seuls, et dont nous cherchons à adoucir les regrets en entourant leurs personnes de notre gratitude et de nos respects.

Ses études achevées, M. Drion s'établit comme avocat, d'abord à Strasbourg. puis à Saverne. C'est en cette dernière ville qu'il se maria le 14 avril 1825 avec M$^{lle}$ Fanny Matthis. De cette union naquirent une fille morte en bas âge, et un fils qui devint le joyau de son père, l'objet de tous ses soins, le centre où convergèrent toutes les puissances et toutes les ambitions du cœur paternel.

Peu de mois après la naissance de ce fils, la mère

mourut. A partir de ce moment, le foyer de M. Drion ne connut plus la tendre sollicitude et les soins délicats de la femme. Notre ami continua solitairement sa route. Mais loin de se laisser décourager, son esprit ardent, qui dans la jeunesse avait embrassé tous les enthousiasmes, se rompit aux affaires et mûrit par l'expérience. Les travaux de sa carrière, la charge de bâtonnier, les affaires municipales, les intérêts de l'instruction publique, avec le mouvement des idées et les événements politiques de 1830, fournirent un vaste champ à son activité, en même temps que ses études spéciales le portèrent à faire ses premiers essais dans l'art d'écrire, par la publication d'un *Traité sur le notariat* et d'une traduction du Code forestier.

Par sa nomination de juge à Schlestadt, M. Drion entra dans la magistrature, qu'il devait illustrer par ses hautes capacités. En 1837 il passa à Wissembourg en qualité de juge d'instruction, et en 1841 il fut promu à la présidence du Tribunal de Schlestadt, qu'il occupa avec distinction pendant vingt-cinq ans, jusqu'à l'époque fatale où la limite d'âge lui imposa la retraite. Il ne nous appartient pas de retracer ici les qualités du jurisconsulte et du magistrat, mais il nous sera permis de répéter, à l'honneur de l'homme que nous regrettons, que le nom de M. Drion est autant respecté et honoré par les populations auxquelles il a eu à distribuer la justice pendant un quart de siècle, qu'il a été remarqué au dehors, pour la pénétration savante et la rectitude de ses jugements.

Nous ne nous arrêterons pas à la part active que M. Drion a prise aux affaires municipales de Schlestadt avant 1848, ni à l'impulsion que, par sa présidence, il a su donner au Comice agricole de cet arrondissement. Là, comme dans sa spécialité, il a développé une activité et une influence dont le souvenir ne s'est pas encore perdu.

A côté des travaux nombreux et variés qui ont rempli sa vie de magistrat et de citoyen, M. Drion (autant sans doute par suite de ses souvenirs d'études et d'excellentes relations d'amitié, que par une prédilection naturelle favorisée par les études juridiques et législatives que provoquait la matière), a manifesté un intérêt tout particulier pour l'histoire de l'Église réformée et pour l'administration de celle de la Confession d'Augsbourg en France.

Il a laissé le fruit de ses patientes et sérieuses recherches dans une *Notice historique sur l'église réformée de Sainte-Marie-aux-Mines*, et surtout dans une *Histoire chronologique de l'Église protestante de France*, ouvrage précieux, qui n'a été publié qu'à moitié et que les loisirs de la retraite devaient achever, quand la mort est venue arrêter la main qui l'écrivait.

C'est en 1840, date de son entrée au Consistoire de Wissembourg, que commence aussi la coopération de M. Drion à la direction de notre église, coopération à laquelle, après quelques hésitations, il a apporté un soin tout particulier, et qui, jusqu'à la fin de sa vie, est toujours allée en grandissant. En 1846

M. Drion entra au Consistoire de Sundhausen. L'année suivante, l'inspection de Bouxwiller le nomma son délégué au *Consistoire général*. En 1848 il fut le vice-président de l'*assemblée des délégués* pour la proposition d'une loi organique sur le culte protestant. En 1852 il représenta l'inspection de La Petite-Pierre au *Consistoire supérieur* et n'a cessé de remplir ce mandat jusqu'à sa mort. En 1866 enfin, année de sa retraite, il entra au Directoire, en qualité de délégué du Consistoire supérieur. Une voix mieux qualifiée et plus élevée que la mienne, redira les mérites que M. Drion s'est acquis dans les corps ecclésiastiques qui nous gouvernent. Notre Église, du reste, en a la conscience et elle ne les oubliera pas.

Si maintenant, mes frères, de l'activité déployée par M. Drion, nous reportons un instant nos souvenirs sur sa personne et sur sa vie intime, nous ne pouvons nous empêcher de sentir notre cœur se serrer sous l'impression d'une grande et douloureuse sympathie. Il a été bien éprouvé et bien malheureux, notre cher et vénéré ami ! Pendant de longues années, il a cheminé *seul* à travers la vie, et son pied, ses amis le savent, a heurté plus d'un douloureux obstacle. Une fidèle servante était sa seule compagnie. C'était bien navrant parfois, de trouver cet homme, le soir, après le travail de la journée, seul, la tête dans ses mains, la tristesse dans les yeux ! De ses quelques instants de bonheur domestique, il lui était resté un fils, distingué entre tous, la joie, l'orgueil, l'espérance de son père, la consolation de ses vieux jours, la récompense de ses sacrifices, la compensation de son long isolement! Et la mort lui a enlevé ce fils!! Alors une horrible douleur est venue étreindre ce pauvre cœur de père et ne l'a plus lâché. J'étais là quand arriva le message de mort. J'ai vu le désespoir se peindre sur ces traits pâles et contractés, et j'ai compris combien il est difficile parfois de prononcer ces simples paroles : Que la volonté de Dieu soit faite!

Elle s'est faite cette miséricordieuse volonté : une sainte communion de douleur, une tendre affection filiale, ont adouci le feu de la blessure. Une vie de famille s'est formée dans les derniers temps autour du vieillard, et c'est entouré de beaucoup d'affection et sous les larmes et les prières de ses bien-aimés que M. Drion a rendu son âme à Dieu, lundi dernier, 25 novembre, à huit heures du matin, à l'âge de soixante-dix ans, onze mois et treize jours.

Que la volonté du Seigneur soit faite! Oui, qu'elle se fasse en tous temps, en tous lieux, autour de nous, avec nous et *par* nous!

Que la volonté du Seigneur soit faite! Cette belle parole de douce et consolante résignation, nous la disons aujourd'hui en présence de ce cercueil, et nous désirons qu'elle devienne, pour tous ceux qui sont dans l'affliction, une parole de soumission chrétienne à la volonté toujours adorable et parfaite de Dieu. Mais, mes frères, qu'elle ne soit et qu'elle ne reste pas une parole de stériles et d'inutiles regrets!

La vie d'un homme de bien et d'une haute intelligence, tel que M. Drion, est non-seulement une belle œuvre, mais encore un grand enseignement. Nous y voyons une volonté divine qui s'accomplit par l'exercice des facultés humaines, dans une longue série de travaux utiles, de services rendus, de difficultés vaincues, de vertus éprouvées, de progrès réalisés. Or nous sommes tous appelés, chacun dans la mesure de ses dons particuliers, à manifester dans notre vie *la gloire de Dieu*, par l'accomplissement de sa sainte volonté. Ce n'est pas en restant passifs et immobiles que nous réaliserons le plan divin; mais c'est en fournissant fidèlement, comme l'a fait notre ami, notre contingent d'activité et de forces. Il faut agir, et agir pendant qu'il en est temps, avec les moyens qui se trouvent mis par Dieu à notre disposition et dans le cercle où se meut naturellement notre existence.

Que la volonté de Dieu soit faite, disons-nous. Mais elle veut, cette volonté, que nous développions notre être et que nous avancions de jour en jour dans la connaissance de la vérité, dans la sanctification et dans l'exercice de toutes les vertus chrétiennes. Elle veut que le pécheur se détourne de ses voies; elle veut que le malheureux, loin de se décourager, se relève et reprenne bon courage; elle veut que le faible se fortifie et que personne ne manque de foi.

Courage donc! chacun n'a-t-il pas sa carrière à parcourir, son devoir à faire, ses obstacles à vaincre, sa croix à porter, et Dieu n'est-il pas toujours prêt à venir, par sa grâce et son pardon, par ses consolations et son amour, par son esprit de vérité et de puissance, au secours de notre timidité ou de notre faiblesse? La volonté de Dieu, c'est la tâche que nous avons à fournir, c'est le but éclatant de lumière qu'il a donné à l'homme et à l'humanité. Essayons d'en avoir l'intelligence et consacrons-nous-y avec fidélité. « Ma nourriture, a dit Jésus, est de faire la volonté de mon père qui est aux cieux. » C'était donc pour lui à la fois une nécessité et une jouissance, un besoin intime et une joie cordiale, de faire les œuvres de son Père. Il est resté fidèle à sa tâche à travers tous les dangers et tous les obstacles, et dans la lutte suprême de Gethsémané, le soupir de la résignation est encore devenu, sur ses lèvres, la promesse d'un inaltérable dévouement et d'une fidélité qui ne reculait point devant le sacrifice.

Plus nous avancerons dans l'amour de Dieu et dans la juste connaissance de sa divine volonté, plus aussi nous comprendrons les immenses ressources que Dieu met à notre disposition pour l'accomplissement de ses desseins. Nous aimerons cette volonté supérieure et nous nous y associerons avec joie. Nous ne nous contenterons plus de nous prosterner devant elle, en l'appelant sainte, adorable et parfaite, nous la ferons *nôtre* et elle nous deviendra *agréable;* agréable, non pas toujours quant aux voies et moyens, car elle exige la lutte, le renoncement, la peine et le sacrifice, mais agréable et souverainement réjouissante par son but final et son glorieux résultat.

Mes frères. que notre humble résignation de ce jour sous la volonté de Dieu devienne l'occasion d'un vigoureux redressement, d'un saint courage et d'une joyeuse ardeur! Soyons fidèles à l'œuvre qui nous est confiée et travaillons. avec un cœur plein de zèle. à réaliser au dedans de nous, dans nos familles, dans notre société, dans l'Église. le plan d'amour de notre Dieu. Il vient une heure, elle est venue pour notre ami, où la lutte cesse, où les douleurs se taisent, où les fardeaux de la terre nous sont ôtés. Puisse ce moment devenir pour nous celui où l'âme fidèle se réjouira d'avoir combattu le bon combat et gardé la foi et où elle recevra sa couronne immortelle des mains de ce Dieu dont elle aura fait la volonté.

Le monde passe avec sa convoitise, mais celui qui fait la volonté de Dieu subsiste éternellement.

Que la volonté du Seigneur soit faite! Amen.

## SUR LA TOMBE

Toute chair est comme l'herbe et toute la gloire de l'homme est comme la fleur de l'herbe. L'herbe sèche et sa fleur tombe, mais la parole de Dieu demeure éternellement. Nous pleurons et nous regrettons, mais pas comme ceux qui n'ont pas d'espérance. La mort passe sur tous les hommes, mais le don de Dieu est la vie éternelle, par Jésus-Christ notre Seigneur.

Le corps qui n'est que poudre retourne à la poudre, mais l'esprit retourne à Dieu qui l'a donné. O mort, où est ton aiguillon? O sépulcre, où est ta victoire? Gloire à Dieu qui nous a donné la victoire par Notre Seigneur Jésus-Christ !

Adieu donc, cher et vénéré ami, adieu pour cette terre, au revoir dans l'éternité ! Nous déposons sur ton cercueil tous nos regrets et toute l'expression de notre reconnaissance. Sois béni dans une bien heureuse immortalité, pour la tendresse que tu as eue pour les tiens, pour l'affection que tu as témoignée à tes amis, pour les services que tu as rendus à l'Église et à la société ! Ta vie a été un rude et pénible travail, un douloureux pèlerinage, mais une belle semence, dont tu récoltes à présent les fruits dans l'éternité.

Repose en paix à côté de ton fils ! Nous confions ton corps à la terre comme une semence précieuse, jusqu'au jour qui renouvellera toutes choses, et nous remettons ton âme immortelle en la grâce et la miséricorde de Dieu, au nom de notre seul intercesseur et sauveur Jésus-Christ. Adieu et au revoir, au nom du Père, du Fils et du Saint-Esprit. Amen !

# PAROLES

PRONONCÉES SUR LA TOMBE

PAR

## M. LE PRÉSIDENT BRAUN.

———

MESSIEURS,

Le cercle, tout de famille et d'amitié, qui environne cette tombe y rendrait indiscrètes, parce qu'elles seraient inutiles, des paroles qui viendraient vous dire ce qu'était l'homme si profondément et si justement regretté sur qui elle va se refermer. De telles paroles seraient inutiles encore, bien au delà même de cette assemblée.

Mais autre chose est le récit d'une vie si connue, l'éloge que chacun de vous prononce en soi-même, et autre chose la simple, l'affectueuse expression de regrets que nous ne voudrions pas taire dans cette douloureuse solennité et dont vous attendez, certainement, qu'un ami commun se fasse l'interprète, bien qu'à chacun de vous le cœur encore eût suffi pour lui dire tout ce que nous perdons.

Permettez-moi d'être cet interprète de tous. Une amitié de trente-six ans, une collégialité de vingt et un dans la magistrature de ce ressort et une collaboration de même durée dans le gouvernement de notre Église, m'ont semblé des titres à la préférence que je réclame de vous.

Si nos regrets s'adressent surtout à l'ami, pourquoi ne dirions-nous pas que dans M. Drion les éminentes qualités de l'homme public rehaussaient encore le mérite, les vertus de l'homme privé? Comme tout édifice, l'amitié, qui en est un aussi, se construit et se consolide d'éléments divers. Elle est aussi comme la plante qui germe, étend ses racines et grandit sa tige. L'homme privé, tout bon, tout aimant. tout modeste qu'il fût, n'aurait pas compté ses amis aussi nombreux qu'il les a vus, si l'avocat, le magistrat, le membre de notre haute administration ecclésiastique ne les avait successivement attirés à grossir leur phalange.

C'est à ce dernier titre surtout qu'après la perte de l'ami nous déplorons celle que nous faisons dans M. Drion. Deux carrières précédentes étaient closes désormais pour lui : celle du barreau, d'où l'avait, de bonne heure, appelé la magistrature, et la magistrature elle-même, d'où une loi inexorable venait de le renvoyer au repos de la vie privée. Que, du moins, une distinction bien méritée n'était-elle venue s'ajouter à la présidence honoraire, pour adoucir en lui l'amertume de cette retraite !

M. Drion n'appartenait plus aux carrières publiques que comme membre du Consistoire supérieur et du Directoire.

On sait quelle part active il prenait aux travaux de notre assemblée suprême. Au besoin les procès-verbaux de ses sessions en rendraient témoignage.

Dans ses dernières et récentes fonctions de membre du Directoire, l'activité de son travail semblait protester contre le rigoureux nivellement de l'âge légal, passé lequel un magistrat est présumé ne pouvoir plus continuer utilement ses services. La loi, heureusement, ne lui était point applicable dans ce dernier conseil, où il apportait ses lumières et où il a laissé de son court passage des monuments qui suffiraient à toute une réputation de travail et de savoir, si, à cet égard, il lui était resté quelque chose à ajouter à la sienne. C'est avec une ardeur toute virile qu'il s'emparait des dossiers qui lui tombaient en partage, ou, plutôt, dont il demandait que l'étude lui fût confiée ; c'est avec la science d'un homme qui avait passé sa vie à accumuler la science en lui, c'est avec la lucidité d'esprit de l'homme appelé successivement, pendant une longue période d'années, à pénétrer dans les intérêts les plus graves et les plus délicats de clients ou de justiciables, c'est avec cette réunion d'aptitudes qu'il se livrait à l'examen des plus difficiles questions, qu'il en rendait compte dans ses remarquables rapports et qu'il apportait son avis dans nos délibérations.

Et puisque, dans ce moment, c'est au nom du Directoire que je parle, j'ajouterai, avec une satisfaction bien légitime, que, plus d'une fois, M. Drion y a senti se modifier les idées que, de loin, dans une assemblée qui ne se réunit que pendant six jours de l'année, il s'était formées de l'administration permanente, dont en y entrant seulement il a connu les nombreux détails et les grandes difficultés. M. Drion qui, du haut du siége auquel je viens de faire allusion, l'avait critiquée quelquefois, cette administration permanente, lui a noblement rendu justice quand il l'a vue de près, et il en sera de même de tous ceux qui, successivement, viendront y prendre part, si antérieurement à leur mandat ils ne sont pas convaincus déjà qu'elle emploie tous ses efforts à faire pour le mieux, c'est-à-dire à approcher d'un but, qu'en aucune chose humaine il n'est donné d'atteindre complétement.

C'est là aussi, Messieurs, que se manifestait dans sa plénitude cette douceur de caractère, de langage et de procédés qui faisait aimer M. Drion et rendait si facile et si agréable le travail en commun avec lui ; c'est là que, sous l'homme public au concours si précieux, se révélait le collègue, l'ami, plus précieux encore parce qu'il satisfaisait surtout le cœur ; c'est là aussi que se montrait l'homme religieux, le chrétien dont la foi ne veut tenir son mérite que du fidèle accomplissement des préceptes de l'Évangile, et qui aime chacun comme Christ nous a recommandé de nous aimer.

A quelque diversité de vues qu'à cet égard nous nous jugions les uns les autres, personne ne saurait contester ce dernier hommage que je rends hautement ici à M. Drion.

Sa place dans le sein du Directoire sera difficile à tenir. Dans le cœur de tous ses membres le souvenir du collaborateur zélé, impartial, le souvenir de l'excellent collègue ne se séparera point du souvenir que nous garderons tous de l'excellent ami.

Il ne vivait que pour le devoir et pour faire le bien.

Disons-lui, Messieurs, au bord de cette tombe trop tôt creusée, sinon nos derniers regrets, du moins notre dernier adieu, et, tout en le pleurant, soumettons-nous au coup dont il a plu à la toute-puissance divine de nous frapper.

www.ingramcontent.com/pod-product-compliance
Lightning Source LLC
Chambersburg PA
CBHW061607050726

47595CB00007B/2826